Fi che **philosophe**

Par Marie-France Battisti

Arendt

lePetitPhilosophe.fr

ARENDT

- **Née en 1906 à Hanovre**
- **Décédée en 1975 à New York**
- **Quelques-unes de ses œuvres :**
  - *Les Origines du Totalitarisme* (1951)
  - *Condition de l'homme moderne* (1958)
  - *La Crise de la culture* (1961)

Philosophe d'origine allemande émigrée aux États-Unis, Hannah Arendt, juive, a été profondément marquée par la **montée du totalitarisme** en Europe dans la première moitié du **XXe siècle**. Il s'agit d'ailleurs de la source d'inspiration de toute son œuvre.

Son principal domaine de recherche et d'écriture est la **philosophie politique**. Bien qu'elle n'ait pas fondé de courant ou qu'elle ne soit pas à l'origine d'un réel système philosophique, Arendt est l'auteure de nombreux écrits ayant trait à l'action politique. À travers une critique du stalinisme et du nazisme, deux formes de totalitarisme, elle identifie l'homme de masse comme le résultat d'une rupture avec nos conceptions morales traditionnelles. L'homme du XXe siècle est, pour la philosophe, un individu esseulé, superflu et en proie à la désolation.

BIOGRAPHIE

L'ENFANCE ET LA FORMATION EN ALLEMAGNE

Hannah Arendt est **née en 1906 à Hanovre**. Elle est la petite-fille de juifs russes vivant en Allemagne. Ses parents, Paul Arendt et Martha Cohn, ne sont pas vraiment portés sur la religion et appartiennent à la classe moyenne : ils sont aisés et cultivés. Ils veulent donner à leur fille une **éducation allemande**, non entachée par la question juive. Hannah hérite d'eux une grande **passion des livres et de l'érudition**, une **capacité d'observation** minutieuse et un **attrait pour l'engagement** politique. La **mort de son père en 1913** constitue une des premières blessures importantes pour la jeune Hannah. Souvent malade, c'est une fillette **forte et fragile à la fois**, capable de réagir comme une adulte tout en restant une enfant.

En **1924**, elle étudie **la philosophie** à l'université de Marburg où elle suit notamment les séminaires de **Martin Heidegger** (1889-1976) avec qui elle a une liaison. Après un an, elle part pour Fribourg afin d'assister aux séminaires d'**Edmund Husserl** (1859-1938). Ensuite, elle poursuit ses études à Heidelberg où, en 1929, elle réalise une dissertation doctorale sur le concept d'amour chez saint Augustin, sous la direction de **Karl Jaspers** (1883-1969), avec qui elle restera en contact.

Toutefois, la **montée de l'hitlérisme** l'empêche de poursuivre ses recherches. D'abord exilée brièvement à Prague et en Suisse, elle réside **en France de 1933 à 1940**. Elle est arrêtée en 1940 et conduite au camp pour femmes de Gurs, d'où elle s'échappe. Elle s'envole alors pour **les États-Unis en 1941** et obtient **la citoyenneté américaine en 1951**. La même année, elle publie son œuvre majeure, ***Les Origines du totalitarisme***, inspirée par les évènements de l'époque et constituée de trois volumes : *Le Système totalitaire, Sur l'antisémitisme et L'Impérialisme.*

Durant ses exils successifs, elle travaille pour plusieurs organisations juives et participe également à la rédaction de chroniques. Par ailleurs, elle se marie en premières noces avec Günther Stern en 1929 et divorce en 1936. Elle se marie par la suite avec Heinrich Blücher, en 1940, avec qui elle partage une étroite complicité affective et intellectuelle.

LA RECONNAISSANCE ET LE PROCÈS D'EICHMANN

Hannah Arendt ne devient **connue qu'à l'âge de quarante-cinq ans**, soit dix-huit ans après son départ d'Allemagne. Elle occupe alors différents postes de professeur dans des universités américaines prestigieuses et reçoit de nombreux prix traduisant sa reconnaissance sur la scène publique. N'aimant pas paraitre publiquement, elle accepte peu d'interviews.

En **1958**, elle publie *Condition de l'homme moderne*, puis, en **1961**, *La Crise de la culture*. Après l'arrestation d'**Adolf Eichmann**, responsable de l'organisation pratique de la solution finale, **Arendt assiste à son procès** qui s'ouvre en avril 1961. Elle en rédige un compte-rendu et en donne une analyse dans son ouvrage *Eichmann à Jérusalem. Essai sur la banalité du mal*, publié en **1963**. Mais elle suscite la polémique, notamment suite à deux affirmations :

- les conseils juifs ont collaboré à l'élimination de nombreux compatriotes ;
- Eichmann n'est pas un monstre. Il est l'exemple même du fait que le mal peut prendre une forme extrêmement banale.

Arendt **décède à New York en 1975** des suites d'une crise cardiaque. Son dernier ouvrage, *La Vie de l'esprit*, est publié de manière posthume en **1978**.

CONTEXTE PHILOSOPHIQUE

ARENDT ET LA TRADITION PHILOSOPHIQUE

Hannah Arendt ne peut véritablement être associée à un courant qui la caractériserait totalement. Toutefois, elle est souvent rattachée à la phénoménologie en tant que **critique de la phénoménologie heideggérienne**. Comme **Heidegger**, Arendt affirme la rupture avec la tradition philosophique occidentale et la décadence du monde moderne. Par contre, alors que son maitre développe une conception particulière de l'homme comme *Dasein* ou être-là (ou encore être-jeté-au-monde), Arendt, s'inspirant de **saint Augustin** (354-430), développe une conception de la natalité comme point de départ de la construction d'une communauté solidaire.

> **BON À SAVOIR**
>
> La **phénoménologie** est l'étude descriptive des phénomènes. Il s'agit également du système philosophique d'Husserl – dont le projet est d'instituer la philosophie comme une « science rigoureuse » – et de tous les courants de pensée qui s'y rattachent. L'œuvre d'Husserl est une des œuvres majeures du XXe siècle et a influencé de nombreux philosophes tels qu'Heidegger, Merleau-Ponty, Sartre, Levinas, etc.

Plus généralement, la philosophe est associée à la **philosophie politique**, bien qu'elle préférait se voir qualifier de

« théoricienne du politique ». À l'instar d'**Emmanuel Kant** (1724-1804), elle repense les concepts de jugement et de responsabilité, ainsi que la question de la spontanéité et du sens commun indispensables à la créativité. Aussi, tout comme **Aristote** (384-322 av. J.-C.), **Nicolas Machiavel** (1469-1527), **Montesquieu** (1689-1755) et **Alexis de Tocqueville** (1805-1859), repense-t-elle l'espace public et le politique en tant que sphères permettant l'action collective, la prise de parole et la pluralité, essentielles à l'élaboration d'un monde commun.

Il est question dans toute son œuvre d'un véritable **processus herméneutique** : autrement dit, Arendt cherche à interpréter l'existence humaine, à découvrir ce qui se cache derrière nos conceptions parfois figées. Une déconstruction du fil de l'histoire est dès lors nécessaire.

LE TOTALITARISME

Le contexte historique dans lequel Arendt a vécu et par rapport auquel elle a dû se positionner est celui du totalitarisme et de l'antisémitisme. Le nazisme et le stalinisme, deux régimes totalitaires, s'imposent rapidement et sans provoquer de réelle contestation dans l'Europe des **années 1920**, avec les camps de concentration et les génocides de masse.

BON À SAVOIR

Le **totalitarisme** est un régime politique caractérisé par un parti unique et dictatorial, n'admettant aucune opposition organisée, détenant tous les pouvoirs et contrôlant toutes les activités de la société, y compris la vie privée des individus, puisque toute personne doit adopter l'idéologie (l'ensemble des croyances) mise en place par le régime. Son moyen de pression pour obtenir l'obéissance totale est la terreur exercée vis-à-vis de la population.

Le **nazisme** ou national-socialisme, qui a vu le jour en Allemagne avec **Adolf Hitler** (1889-1945), a pour idéologie **l'existence d'une race supérieure**, la race aryenne. Ce mouvement utilise l'hypothèse darwinienne de la sélection naturelle afin de convaincre les individus de son bien-fondé. Le nazisme établit **le racisme comme principe d'État** et vise l'élimination de tout individu ne correspondant pas aux critères d'appartenance à la race supérieure, entre autres les juifs, les tziganes ou encore les homosexuels. C'est ainsi qu'ont été mis en place les camps de concentration et d'extermination qui ont notamment conduit au génocide du peuple juif.

BON À SAVOIR

La **théorie de la sélection naturelle**, que l'on doit à Charles Darwin (1809-1882) explique que seuls les individus les plus aptes à survivre dans un environnement donné survivent et se reproduisent. Les caractéristiques qui permettent leur survie s'accroissent de génération en génération.

Le **stalinisme**, qui a quant à lui pris naissance en URSS avec **Joseph Staline** (1878-1953), reprend **l'idéologie marxiste** et vise **la dictature du prolétariat**, c'est-à-dire l'abolition de la structuration de la société en classes, autrement dit la réalisation d'une société sans classes. Dès lors, ce régime entend éliminer la propriété privée et défend l'idée d'un pouvoir distribué aux mains de tous. Toutefois, dans les faits, le stalinisme a plutôt favorisé un pouvoir détenu par un seul individu. Le régime stalinien a mis en place les *goulags*, des camps de travail forcé, dans lesquels on envoyait les dissidents ou opposants supposés à l'idéologie.

BON À SAVOIR

Le **marxisme** désigne la philosophie de Karl Marx (1818-1883) et de Friedrich Engels (1820-1895) : ceux-ci se livrent à une critique de l'économie capitaliste et développent le matérialisme dialectique et historique. Ils prônent l'avènement du **communisme**, un système économique et social qui se caractérise par la mise en commun des moyens de production, la répartition des biens matériels produits selon les besoins de chaque individu et la suppression des classes sociales. Inversement, le **capitalisme** est un système économique et social qui se caractérise par la propriété privée des moyens de production ainsi que par la recherche du profit.

Dans ces deux régimes totalitaires, il est possible de repérer des **points communs** :

- les lois sont déduites d'une source unique d'autorité :
  l'idéologie ;
- elles doivent être rigoureusement appliquées afin d'atteindre la réalisation de l'idéologie ;
- l'idéologie aboutit à l'élimination d'individus au profit d'un processus ;
- la terreur est utilisée pour imposer l'obéissance à l'idéologie ;
- le régime désigne les ennemis de l'idéologie, il n'y a donc pas d'action libre ou de pensée.

PENSÉE ET APPORT

Si on ne peut systématiser la pensée d'Hannah Arendt, on peut cependant regrouper **ses questionnements** en deux catégories :

- les interrogations **politiques** ;
- les interrogations **morales**.

Exilée aux États-Unis, la philosophe s'attèle à la lourde tâche de tenter d'**expliquer comment l'humanité a pu rendre possible la solution finale**. Elle veut comprendre, ne cesse-t-elle de répéter. En effet, pour Arendt, il est nécessaire de parvenir à penser les évènements qui ont eu lieu afin d'éviter que les horreurs du XXe siècle ne se reproduisent.

LA CONDITION HUMAINE

Le totalitarisme, une dénaturation de l'homme

Dans *Les Origines du totalitarisme*, Arendt identifie deux caractéristiques constitutives du système totalitaire :

- le principe en est **l'idéologie**, mais le contenu même de l'idéologie est superflu : seul compte son installation rapide et efficace, indépendamment des hommes qui la véhiculent ou qui la subissent ;
- la nature en est **la terreur**, qui maintient les individus sous contrôle, sans espace personnel. Des sacrifices peuvent d'ailleurs être autorisés pour le bien de l'humanité et la réalisation de l'idéologie.

Selon elle, **ce système a produit** :

- **l'homme de masse** ou l'homme superflu parce qu'il n'est en rien nécessaire à la réalisation d'une humanité pensée à travers un idéal (par exemple économique dans le cas du régime stalinien). Avec ou sans lui, l'idéologie doit être réalisée. L'homme n'est plus qu'un moyen en vue de la réalisation d'une fin qui le dépasse totalement ;
- **une masse homogène**. Étant donné que chacun participe à la réalisation de l'idéologie de manière identique, tous les hommes suivent le même processus, sans exception, il n'y a plus de différences entre eux. Le totalitarisme transforme donc le peuple en une masse indistincte ;
- **un homme esseulé**. Puisque l'homme n'appartient plus qu'à une seule masse homogène, il est esseulé. En d'autres termes, il n'appartient à aucune classe, à aucun groupe, il est un parmi d'autres. De plus, il est hors du monde car il fait juste partie d'un processus. Il est donc sans vie personnelle, sans attache, sans monde (citation 1)

Les hommes sont à la fois identiques les uns aux autres, pris dans le même processus, seuls et opposés les uns aux autres car mus par la terreur, sans espace de dialogue possible. Ils n'agissent pas, ils se contentent de participer à l'édification de quelque chose qui les dépasse. Pour Arendt, il s'agit d'une forme inédite d'exercice de la violence à des fins pseudo-politiques : **le totalitarisme détruit tout lien social, réduit la communauté à l'état de masse inerte et indifférenciée, et met à mal notre capacité à agir et à penser**. En cela, il dénature l'homme.

Les conditions authentiques de l'existence humaine

Le totalitarisme a dénaturé l'homme : il en a modifié les conditions d'existence. Mais quelles sont les conditions authentiques de l'existence humaine ?

Dans son ouvrage *Condition de l'homme moderne*, Arendt définit **trois conditions fondamentales d'existence authentique indissociables** (citation 2), toutes trois liées à la condition première qu'est la natalité, la naissance au monde :

- **le travail**. Pour vivre, l'homme, *homo laborans* (« homme travaillant »), doit subvenir à ses besoins, donc travailler. Toutefois, le travail ne peut résumer à lui seul l'existence humaine car il réduit l'homme à un métabolisme, or celui-ci doit pouvoir dépasser son existence biologique, c'est-à-dire ses nécessités vitales, pour s'ouvrir aux autres et appartenir au monde ;
- **l'œuvre**. L'individu, *homo faber* (« homme artisan »), est par ailleurs « créateur de mondes ». Autrement dit, il produit des objets qui ne sont pas uniquement consommables et qui permettent les échanges entre individus. Ces objets représentent alors sa capacité à appartenir au monde par le biais des échanges. Cependant, l'existence ne peut se résumer à cela non plus. En effet, l'homme doit pouvoir se différencier de son voisin, ce que ni le travail ni l'œuvre ne lui permettent de faire ;
- **l'action et la prise de parole**. Celles-ci sont **créatrices de différenciation et de pluralité**. Grâce à elles, l'homme fait usage de sa liberté et de sa capacité à innover, à exprimer ses opinions et à prendre part à la vie en communauté. Dès lors, tous les individus sont égaux et distincts

à la fois : égaux parce que tous ont la capacité d'agir et de prendre la parole, distincts parce que chacun a ainsi la possibilité d'atteindre la reconnaissance de sa particularité. Grâce au langage, les hommes s'inscrivent dans le monde humain de manière personnelle (citation 3).

L'action et la prise de parole, des activités spécifiquement humaines

Parmi ces conditions d'existence, selon Arendt, l'action et la prise de parole sont des activités spécifiquement humaines.

Plus précisément, **lorsque l'homme existe par son action et par sa parole, il contribue à la création d'un espace public**. Dès lors, il appartient à un monde véritablement humain qu'il construit avec d'autres. À chaque fois que l'homme prend la parole et agit, il crée, il diversifie, il invente, mais il invite également d'autres hommes à s'insérer dans le monde. C'est en ce sens que l'on peut dire que **l'homme nait à lui-même et fait naitre d'autres individus** en les invitant à agir et à parler. Dès lors, le monde représente un habitat sûr. Malgré le fait que les hommes soient différents les uns des autres en exprimant des opinions diverses, ils sont reliés par leur capacité d'action et de parole. Le monde ainsi créé, par l'action et par la parole échangée, doit être protégé.

Pour Arendt, **c'est le politique qui est responsable de la préservation de la capacité à agir et à parler**. Le politique est donc responsable de la préservation du monde.

La modernité a provoqué la chute définitive des cadres de référence traditionnels : autorité, tradition, religion. De plus, la frontière entre la sphère publique et la sphère privée s'est estompée, entrainant dès lors une confusion irréparable entre ce qui doit rester dans le domaine privé et ce qui doit se trouver dans l'espace public.

La confusion entre sphère privée et sphère publique

C'est dans *Condition de l'homme moderne* que la philosophe déploie l'argument selon lequel nous avons perdu notre monde commun à travers la confusion entre sphères privée et publique.

Avant d'aller plus avant, il est d'abord nécessaire de délimiter ce qu'Arendt entend par sphère privée et sphère publique :

- revenant à Aristote, la philosophe rappelle le statut accordé au **foyer** par les Grecs. Il représentait le lieu de la **satisfaction des besoins** ainsi que des relations familiales obligatoires ;
- au contraire, l'**espace public** était ce à quoi accédait le citoyen qui désirait faire preuve de **liberté** en sortant de chez lui pour affronter le débat public. L'espace public supposait alors la **capacité d'agir** et l'**usage de la parole**.

En d'autres termes, relèvent du privé le travail et la consommation, c'est-à-dire l'ordre économique, et relèvent du public l'action et la parole, c'est-à-dire l'ordre politique.

La société moderne se caractérise par **l'indistinction des domaines d'activités propres à chaque sphère**. Le problème, explique Arendt, c'est que :

- d'une part, nous avons laissé la sphère privée devenir autre chose que le lieu de satisfaction des nécessités vitales ;
- d'autre part, nous avons laissé la sphère publique intervenir sur la sphère privée, entrainant de ce fait l'avènement d'une nouvelle entité : la sphère sociale, sorte d'hybride entre le public et le privé, qui ne représente ni l'un ni l'autre.

L'impact de l'économie et l'avènement de la sphère sociale

La philosophe avance deux causes pour expliquer cette évolution :

- la première réside dans **l'avènement du christianisme qui rejette le domaine public et lui préfère l'intériorité**, soit le développement du bien-être intérieur, ensuite remplacée par l'introspection. L'homme est alors enfermé en lui-même et n'appartient plus au monde extérieur. La vie contemplative est privilégiée au détriment de la vie politique ;
- la seconde réside dans **la suppression du rôle de la sphère publique suite à l'impact de l'économie dans les affaires privées**. En effet, la propriété privée est supprimée en faveur d'une gestion collective des biens privés. Dès lors, la sphère publique devient une superstructure qui gère collectivement les besoins privés. La sphère

publique ressemble alors à une espèce de grand foyer où les individus ne représentent qu'un ensemble de besoins à satisfaire (citation 4).

Toutefois, pour Arendt, le changement est plus radical encore. Alors qu'**être sujet signifiait devenir libre** une fois que les besoins étaient satisfaits et user de cette liberté en investissant l'espace public, **dorénavant, être sujet veut dire accumuler des richesses**. Or accroitre des biens n'a d'autre sens que de **devenir esclave des nécessités de la vie**, et ce de manière volontaire. Les possessions privées deviennent un capital qui doit croitre pour plus de capital encore.

Les relations à l'autre sont alors dépendantes de la part de capital que ce dernier représente et le monde s'élabore à partir des seuls intérêts privés. Ainsi, **les sphères publique et privée sont complètement résorbées dans une nouvelle entité, l'économie**, et on voit apparaitre **une nouvelle sphère qui confond privé et public : la sphère sociale.**

Cependant, cette dernière sphère ne permet pas la construction d'un monde durable, permanent, puisque son fondement est le rapport au capital, à l'intérêt financier. Sa base est dès lors extrêmement fluctuante, et ne remplit pas les critères d'un monde commun. Ce dernier n'existe plus et l'individu est aliéné : il devient étranger à lui-même et n'appartient plus au monde.

Une situation propice au totalitarisme

Cette situation rend possible l'émergence de discours

manipulateurs, puisque l'homme est considéré uniquement pour sa force de travail et pour les intérêts économiques que celle-ci représente. Ceci profite à l'installation du totalitarisme, d'autant plus facilement que l'une des conséquences de cette valorisation du travail et de l'économie est le **désintérêt progressif pour l'action et la chose politique**.

Les termes changent de sens :

- **l'action**, supprimée du domaine public, **est remplacée par le comportement**, par l'analyse de celui-ci et par les normes censées le guider ;
- **l'égalité** qui était, pour les Anciens, liée à la capacité de chacun de faire preuve de liberté dans le domaine public, **est remplacée par le conformisme**, par la capacité des individus à adopter un comportement commun guidé par des règles données par le collectif. Ce changement fondamental supprime l'idée même d'individualité (citation 5).

Pour Arendt, l'avènement de la sphère sociale provoque une **rupture par rapport à l'agir politique**. En effet, le politique s'intéresse aux individus et aux évènements réels qui surgissent grâce aux individus, ce que ne peut parvenir à faire l'économie. Celle-ci passe à côté de tout ce qui ne rentre pas dans les chiffres, dans les calculs, car elle s'occupe de prévoir les choses. Or l'action humaine et l'existence ne sont pas prévisibles, puisque les hommes, en parlant et en agissant, créent quelque chose d'inattendu que l'économie ne peut envisager (citation 6).

Il est donc essentiel, aux yeux de l'auteure, d'essayer de reconstruire l'espace public et de reposer les limites entre public et privé. En effet, c'est en permettant l'émergence d'un véritable espace de liberté, de pluralité, de délibération et d'action, c'est-à-dire en restaurant le politique, que nous parviendrons à éviter la réapparition de systèmes violents et dénaturant l'homme tels que les systèmes totalitaires.

LA FACULTÉ DE JUGER

Les développements d'Arendt concernant la faculté de juger constituent le deuxième axe de sa pensée, l'interrogation sur la morale. Toutefois, ils sont restés inachevés.

La philosophe observe que **les criminels nazis peuvent être de bons pères de famille un jour et de véritables bourreaux le lendemain**. Cela signifie selon elle qu'**ils ont perdu le sens de la réalité**. Plus précisément, leur faculté de juger selon le sens commun et les valeurs traditionnelles a été totalement balayée : ils ne savent plus ce qui est mal.

L'exemple d'**Eichmann**, qui se défend en prétextant que les ordres sont les ordres, est en cela éloquent. En fait, Eichmann est **dépourvu de la capacité de penser**, explique Arendt : il ne se pose pas de questions, il se préoccupe uniquement de son avancement dans la hiérarchie. Par ailleurs, il ne se conçoit pas réellement tel un bourreau, puisqu'il pense travailler à l'édification d'une institution qui a raison parce qu'elle améliore la situation de l'ensemble de l'humanité : autrement dit, selon lui, tuer des individus sert une cause noble visant l'amélioration de la condition humaine. Eichmann n'a donc **aucune raison de douter de ce qu'il fait**. En cela, pour Arendt, **ce qu'il a fait est extrêmement banal, commun** (citation 7).

Cependant, si notre faculté de juger est mise en difficulté, cela ne signifie pas pour autant que nous sommes incapables de juger ce qu'il s'est passé. En effet, en tant qu'hommes, nous possédons la possibilité d'innover, de faire preuve de créativité : nous sommes donc capables de trouver et de définir de nouvelles normes. Héritière d'Aristote et de Kant, Arendt identifie **deux points de vue pour le jugement** :

- **celui de l'agent** qui évalue sa capacité d'action au sein de l'espace public : le dialogue de soi à soi ;
- **celui du spectateur** qui évalue rétrospectivement les actes du passé afin de se réconcilier avec eux : le dialogue avec les autres.

Juger doit permettre d'**installer une distance nécessaire afin d'être impartial face aux évènements que nous devons évaluer**. La distance rend également possible le jugement politique. Celui-ci, plutôt que d'appliquer les codes ou les normes fixées, montre au contraire que les codes n'ont qu'une cohérence formelle et ont pour objectif d'assurer la sécurité. Juger est bien une activité éminemment politique pour Arendt puisqu'elle suppose la pluralité. En effet, pour juger de nos actes, nous devons être capables d'en débattre au sein d'une communauté de sujets, nous devons partager plusieurs perspectives, ce qui n'est possible que dans l'espace public.

EN RÉSUMÉ

Arendt identifie **deux caractéristiques constitutives du système totalitaire** : le principe en est **l'idéologie** et la nature en est **la terreur**. Selon elle, le totalitarisme détruit tout lien social, fait de la communauté une masse inerte et indifférenciée, et enraye notre capacité à agir et à penser. En cela, **il dénature l'homme**.

Arendt définit **les conditions d'existence authentique de l'homme : le travail, l'œuvre, l 'action et la prise de parole**. Ces deux dernières sont des activités spécifiquement humaines : elles permettent aux hommes de créer un espace public, qui doit, selon la philosophe, être protégé par le pouvoir politique.

Mais, d'après Arendt, avec la modernité, **la frontière entre la sphère privée** (lieu de la satisfaction des besoins, donc de la consommation et du travail) **et la sphère publique** (lieu de la liberté, de l'action et de la parole) **s'est estompée**, entrainant une confusion entre les deux espaces.

Cette évolution s'explique notamment par la transformation de la sphère publique en une espèce de grand foyer gérant les besoins privés : dorénavant, être sujet consiste à accumuler des richesses. Ainsi, on voit apparaitre **une nouvelle sphère qui confond privé et public : la sphère sociale, basée sur l'économie**. Malheureusement, celle-ci ne permet pas la construction d'un monde durable.

Cette situation profite à l'installation du totalitarisme,

d'autant plus facilement que l'une des conséquences de cette valorisation du travail et de l'économie est **le désinté-rêt progressif pour l'action et la chose politique**.

Votre avis nous intéresse !
Laissez un commentaire sur le site de votre librairie en ligne
et partagez vos coups de cœur sur les réseaux sociaux !

POUR ALLER PLUS LOIN

- AMIEL (Anne) et ZARADER (Jean-Pierre), *Le Vocabulaire de Hannah Arendt*, Paris, Ellipses, 2007.
- ARENDT (Hannah), *Condition de l'homme moderne*, Paris, Calmann-Lévy, 1983.
- ARENDT (Hannah), *Eichmann à Jérusalem*, Paris, Gallimard, 2002.
- ARENDT (Hannah), *La Crise de la culture*, Paris, Gallimard, 1989.
- ARENDT (Hannah), *La Vie de l'esprit*, Paris, PUF, 2013.
- ARENDT (Hannah), *La Nature du totalitarisme*, Paris, Payot et Rivages, 2006.
- ARENDT (Hannah), *Le Système totalitaire*, Paris, Seuil, 2005.
- ARENDT (Hannah), *L'Impérialisme*, Paris, Seuil, 2010.
- ARENDT (Hannah), *Sur l'antisémitisme*, Paris, Seuil, 2005.
- CLÉMENT (Élisabeth) *et alii*, *La Philosophie de A à Z*, Paris, Hatier, 2000.
- JULIA (Didier), *Dictionnaire de la Philosophie*, Paris, Larousse, 2006.
- POIZAT (Jean-Claude), *Hannah Arendt, une introduction*, Paris, Pocket, 2013.
- YOUNG-BRUEHL (Élisabeth), *Hannah Arendt*, Paris, Fayard, 2011.

TESTEZ VOS CONNAISSANCES !

ASSOCIEZ CHAQUE CITATION À L'EXPLICATION QUI LUI CORRESPOND

Citation 1 : « Le totalitarisme [...] est issu de dictatures à parti unique qui, comme les autres tyrannies, ont employé la terreur comme moyen pour instituer le désert de l'absence de compagnie et de l'esseulement. » (*La Nature du totalitarisme*, Paris, Payot et Rivages, 2006, p. 90)

Citation 2 : « Je propose le terme de *vita activa* pour désigner trois activités humaines fondamentales : le travail, l'œuvre, l'action. Elles sont fondamentales parce que chacune d'elles correspond aux conditions de base dans lesquelles la vie sur terre est donnée à l'homme. » (*Condition de l'homme moderne*, Paris, Calmann-Lévy, 1983, p. 41)

Citation 3 : « L'action, la seule activité qui mette directement en rapport les hommes, sans intermédiaire des objets ni de la matière, correspond à la condition humaine de la pluralité, au fait que ce sont des hommes et non pas l'homme, qui vivent sur terre et habitent le monde. » (*ibid.*, p. 41)

Citation 4 : « Dans nos conceptions, la frontière s'efface parce que nous imaginons les peuples, les collectivités politiques comme des familles dont les affaires quotidiennes relèvent de la sollicitude d'une gigantesque administration ménagère. » (*ibid.*, p. 66)

Citation 5 : « [...] la société à tous les niveaux exclut la possibilité de l'action [...]. De chacun de ses membres, elle exige au contraire un certain comportement, imposant d'innombrables règles qui, toutes, tendent à "normaliser" ses membres et à les faire marcher droit, à éliminer les gestes spontanés ou les exploits extraordinaires. » (*ibid.*, p. 79)

Citation 6 : « Les lois de la statistique ne sont valables que pour les grands nombres ou les longues périodes ; les actes, les événements ne peuvent apparaître statistiquement que comme des déviations ou des fluctuations. » (*ibid.*, p. 81)

Citation 7 : « Ce qu'il avait fait n'était un crime que rétrospectivement, et il avait toujours été un citoyen obéissant à la loi, car les ordres d'Hitler, qu'il exécuta certainement de son mieux, avaient "force de loi" dans le III e Reich. » (*Eichmann à Jérusalem*, Paris, Gallimard, 2002, p. 78)

Explication a : il existe trois activités de base pour que les hommes puissent exister de manière authentique : le travail, l'œuvre et l'action ou prise de parole.

Explication b : l'économie, dont le but est de prévoir les choses, utilise les statistiques, mais celles-ci ne peuvent rendre compte des actions humaines, caractérisées par l'inattendu et par la fluctuation.

Explication c : le totalitarisme est une dictature qui use de la terreur pour contrôler les individus et en faire une masse esseulée.

Explication d : dans la société moderne, l'action est supprimée du domaine public : les individus se doivent d'adopter un certain comportement et de suivre des normes qui les enferment dans le conformisme.

Explication e : lorsque l'homme existe par son action et sa parole, il contribue à la création d'un espace public et invite d'autres hommes à s'insérer dans le monde : en ce sens, il nait à lui-même et fait naitre d'autres individus.

Explication f : Eichmann n'a aucune raison de douter de ce qu'il a fait, car au moment et dans le contexte où il l'a fait, ce n'était pas un crime : au contraire, il ne faisait qu'obéir à la loi.

Explication g : lorsque les sphères publique et privée sont résorbées dans l'économie, cela nuit à la construction d'un monde durable et rend possible l'émergence de systèmes totalitaires.

Explication h : la sphère publique est devenue une sorte de superstructure familiale, de grand foyer, qui gère les besoins privés de manière collective.

Explication i : le politique a pour rôle la préservation de l'agir et de la prise de parole.

Explication j : l'action, en mettant directement les hommes en relation les uns avec les autres, est créatrice de pluralité : les individus s'inscrivent dans le monde humain de manière personnelle.

Rendez-vous sur lepetitphilosophe.fr et découvrez :

Plus de 1200 analyses
Claires et synthétiques
Téléchargeables en 30 secondes
À imprimer chez soi

ISBN version numérique : 978-2-8062-4923-4
ISBN version papier : 978-2-8080-0155-7
Dépôt légal : D/2017/12603/539

Conception numérique : Primento,
le partenaire numérique des éditeurs.

Made in the USA
Monee, IL
07 July 2026